Publié pour la première fois par Parragon en 2013 sous le titre Fearbook, Class of the Century.
© 2013, Mattel Monster High and related trademarks, © Mattel, Inc.
© 2013, Hachette Livre, 43 quai de Grenelle, 75905 Paris cedex 15

monster high
guide officiel

Tu as la chance délirante de tenir entre tes griffes le dernier numéro de notre Guide Officiel ! Les monstres de notre équipe ont travaillé toute la nuit pour t'offrir ce résumé diabolique de leur vie aussi déjantée que foudroyante. Tu y trouveras leurs portraits et toutes leurs aventures sang-sationnelles !

L'équipe Monster High

xxxxxxx

PORTRAITS

Frankie Stein

Âge
15 jours.

Matière préférée
L'histoire.

Matière détestée
La natation – l'électricité et l'eau ne font pas bon ménage !

Meilleures amies
Draculaura et Clawdeen Wolf.

Activités
Pom-Pom Monstre.

Je ne sors jamais sans...
Mes mèches électriques blanches et noires.

Expression favorite
« C'est foudroyant ».

Mes amis trouvent que je suis...
Électrique et mortellement stylée.

Draculaura

Âge
1 600 ans.

Matière préférée
La rédaction.

Matière détestée
La Gé-ogre-aphie.

Meilleures amies
Frankie Stein et Clawdeen Wolf.

Activités
Pom-Pom Monstre et directrice du club du journal.

Je ne sors jamais sans…
Comte Fabulous™, ma CSG (chauve-souris goulicieuse) et mon ombrelle à frous-frous.

Expression favorite
« C'est sang-sationnel ».

Mes amis trouvent que je suis…
La plus sympa des vampires.

PORTRAITS

Clawdeen Wolf

Âge
15 ans.

Matière préférée
L'économie. Je souhaite créer mon propre empire de la mode.

Matière détestée
La gym (car je n'ai pas le droit d'y porter mes talons compensés !)

Meilleures amies
Draculaura et Frankie Stein.

Activités
Faire du shopping et flirter avec des garçons.

Je ne sors jamais sans...
Des accessoires top-tendance ! Impossible d'imaginer me montrer sans être à la pointe de la mode.

Expression favorite
« Férocement mode ».

Mes amis trouvent que je suis...
D'une loyauté sans faille.

Cleo de Nile

Âge
5 842 ans (à quelques années près).

Matière préférée
La géométrie (triangles, pyramides…).

Matière détestée
L'histoire – je sais déjà tout !

Meilleurs amis
Ghoulia Yelps et
Deuce Gorgon, mon petit ami.

Activités
Commander les Pom-Pom Monstres.

Je ne sors jamais sans…
Mon sac rempli d'amulettes – elles peuvent toujours servir !

Expression favorite
« C'est momifiant ».

Mes amis trouvent que je suis…
Un leader-né, parfois un peu trop autoritaire…

Abbey Bominable

Âge
16 ans.

Matière préférée
Les maths.

Matière détestée
Le théâtre, les seules scènes que je supporte sont les pentes enneigées.

Meilleures amies
Lagoona Blue et Frankie Stein.

Activités
Capitaine de l'équipe de snowboard.

Je ne sors jamais sans...
Mon collier en cristal – il rafraîchit l'air ambiant, je n'ai donc jamais chaud !

Expression favorite
« Brisons la glace ! »

Mes amis trouvent que je suis...
Grande et forte, mais hyperchaleureuse malgré mon air glacé !

PORTRAITS

Lagoona Blue

Âge
15 ans.

Matière préférée
L'océanographie, bien sûr !

Matière détestée
La géologie.

Meilleures amies
Frankie, Clawdeen, Draculaura, Cleo, Abbey… je suis très sociable.

Activités
Capitaine de l'équipe de natation.

Je ne sors jamais sans...
Mon tube de crème hydraterrifiante.

Expression favorite
« Ça baigne ! »

Mes amis trouvent que je suis...
Détendue et super-sympa.

Spectra Vondergeist

Âge
16 ans.

Matière préférée
Le journalisme. Je peux aller chercher les infos dans des endroits inaccessibles…

Matière détestée
Les maths, c'est bien trop carré !

Meilleure amie
Ghoulia Yelps.

Activités
Rédactrice au journal du lycée ; c'est moi qui fournis les meilleurs scoops !

Je ne sors jamais sans…
Mon appareil photo ; je ne veux manquer aucun événement !

Expression favorite
« J'ai attendu toute ma mort pour tomber sur une info pareille ! »

Mes amis trouvent que je suis…
Leur gossip-girl préférée.

PORTRAITS

Robecca Steam

Âge
116 ans.

Matière préférée
La ferronnerie.

Matière détestée
Lards Ménagers.
Pourtant, je suis experte
pour faire bouillir de l'eau.

Meilleures amies
Rochelle Goyle et Frankie Stein.

Activités
Voler grâce à mes bottes-fusées.

Je ne sors jamais sans...
Un kit d'écrous et mes bottes-fusées.

Expression favorite
« Chaud devant ! »

Mes amis trouvent que je suis...
La petite furie de l'école.

Rochelle Goyle

Âge
415 ans.

Matière préférée
L'architecture.

Matière détestée
La natation : je coule comme une pierre !

Meilleures amies
Ghoulia Yelps, Robecca Steam et Venus McFlytrap.

Activités
La sculpture.

Je ne sors jamais sans...
Un livre. Il faut dire que mes ancêtres protègent la bibliothèque de Monster High.

Expression favorite
« Faire d'une pierre deux coups ».

Mes amis me trouvent...
Un peu dure, mais solide et protectrice.

PORTRAITS

Venus McFlytrap

Âge
15 ans.
Matière préférée
La cris-ologie.
Matière détestée
Le travail du bois.
Meilleures amies
Lagoona, Robecca, Rochelle, Frankie et Ghoulia.
Activités
La randonnée.
Je ne sors jamais sans...
Mes pollens de persuasion pour rallier les autres à ma cause.
Expression favorite
« Respecte la planète ! »
Mes amis trouvent que je suis...
Écolo-chic ; un exemple à suivre !

Deuce Gorgon

Âge
16 ans.
Matière préférée
Lards ménagers.
Matière détestée
Lards ménagers – je fais semblant !
Meilleurs amis
Jackson Jekyll et Cleo de Nile.
Activités
Basket funéraire et cuisine.
Je ne sors jamais sans…
Mes lunettes. Sinon, d'un seul regard, je change mes amis en pierre !
Expression favorite
« Hey Monstre, quoi de neuf ? »
Mes amis trouvent que je suis…
Un skater super-cool !

PORTRAITS

Âge 17 ans.
Matière préférée La biologie, je veux devenir médecin du sport.
Matière détestée Lards ménagers.
Meilleurs amis Quand on est à la tête de la meute, on ne peut pas avoir de préférés.

Âge 16 ans… en années « fantôme ».
Matière préférée L'histoire de la musique.
Matière détestée Les sciences folles. La seule chose que je veux créer, c'est de la musique.

Operetta

Âge 16 ans.
Matière préférée Les sciences, ça doit être dans mes gènes.
Matière détestée La déséducation physique pendant la semaine de la balle au prisonnier.
Meilleurs amis Frankie Stein et Deuce Gorgon.

Activités Capitaine de l'équipe de football.
Mes amis trouvent que je suis... Férocement athlétique et sauvagement classe.

Clawd Wolf™

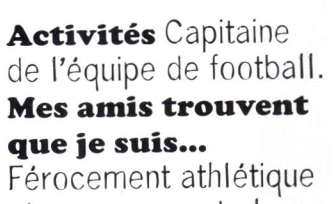

Meilleurs amis Deuce Gorgon et Holt Hyde.
Activités Musique et chant.
Mes amis trouvent que je suis... La goule la plus diva du groupe surtout grâce à ma voix totalement délirante.

Activités Jeux vidéos.
Mes amis trouvent que je suis... À la fois speed et cool (pour une momie), mais affreusement farceur, parfois !

Jackson Jekyll

PORTRAITS

Âge 16 ans.
Matière préférée La théorie musicale. On ne peut pas être un DJ d'enfer si on ne sait pas mixer !
Matière détestée Ce qui n'a pas de rythme.

Holt Hyde

Âge 415 ans.
Matière préférée Anatomie des monstres, j'adore dessiner de nouvelles têtes.
Matière détestée Histoire de l'art.

Catrine DeMew

Âge 15 ans, mais j'en suis à la première de mes neuf vies.
Matière préférée Le théâtre : je sais imiter mes amis à la perfection.
Matière détestée Les maths, ça me rappelle de mauvais souvenirs.
Meilleures amies Meowlody et Purrsephone.

Meilleurs amis J'aime tous ceux qui apprécient ma musique.
Activités Créer de nouveaux mix monstrueux.
Mes amis trouvent que je suis... tout feu tout flammes !

Meilleurs amis Je suis amoureuse de la ville. Ce sont les monuments mes compagnons les plus fidèles.
Activités J'adore ranger mes peintures, mes pinceaux, mes craies, mes encres… C'est tellement relaxant !
Mes amis trouvent que je suis... La plus extravagante des Scarisiennes.

Activités Faire la sieste.
Mes amis trouvent que je suis... Une vilaine minette qui ne vient jamais quand on l'appelle.

Toralei Stripe

PORTRAITS

Âge 15 ans.
Matière préférée Les sciences folles, surtout les cours de génétique.
Matière détestée Lards ménagers, Mme Hortimarmot nous oblige à porter des résilles à cheveux sur notre corps tout entier.

Âge 15 ans.
Matière préférée Les sciences folles, surtout les cours de génétique.
Matière détestée Lards ménagers, Mme Hortimarmot nous oblige à porter des résilles à cheveux sur notre corps tout entier.

Purrsephone

Âge 16 ans.
Matière préférée La musique, je suis une bête en guitare !
Matière détestée Tous les cours où je ne peux pas m'assoir à côté d'une jolie goule !

Thomas Cramé

Meilleures amies Purrsephone et Toralei.
Activités La gym. On retombe toujours sur nos pattes!
Mes amis trouvent que je suis... Férocement semblable à ma sœur.

Meilleurs amis Meowlody et Toralei.
Activités La gym. On retombe toujours sur nos pattes!
Mes amis trouvent que je suis... Férocement semblable à ma sœur.

Meilleurs amis Clawd Wolf, Deuce Gorgon, Gil Webber.
Activités Le pistage.
Mes amis trouvent que je suis... Le feu follet et l'âme de la bande.

PORTRAITS

Âge 15 ans.
Matière préférée La littérature, j'adore me perdre dans les livres.
Matière détestée N'importe quel cours où M. Zarr est remplaçant.

Âge 16 ans.
Matière préférée La natation.
Matière détestée Les sciences, sauf si on me demande de faire une expérience avec Lagoona !

Gillington 'Gil' Webber

Âge 17 ans.
Matière préférée Les nécrologies.
Matière détestée La musique, surtout si c'est Thomas Cramé qui joue !

Grotoumou

Meilleur ami Bruno Vaudou.
Activités Grogner dans la chorale de l'école.
Mes amis trouvent que je suis... mortelle et gentiment plaintive.

Meilleurs amis Deuce Gorgon et Lagoona Blue.
Activités Membre de l'équipe de natation.
Mes amis trouvent que je suis... Sensible et décontracté, mais je suis un killer dès que je pénètre dans l'eau !

Meilleurs amis Gil Webber, Thomas Cramé, et je suis amoureux de Ghoulia Yelps.
Activités Les échecs et le basket funéraire.
Mes amis trouvent que je suis... Mortellement lent, mais fatalement sympa.

PORTRAITS

Âge Aucune idée… Je ne suis pas très vieux, mais disons 15 ans pour faire simple.
Matière préférée Comment faire peur. Pour conseiller les autres.
Matière détestée La vulcanologie. Comme je suis en tissu, j'évite les matières où l'on manipule le feu.
Meilleures amies Scarah Screams, Frankie Stein.
Activités Je suis dans l'équipe de foot – je joue la cible !
Mes amis trouvent que je suis… Tout doux, même si je peux leur faire très mal à cause de mes petites épingles vaudou.

Bruno Vaudou

Il ne doit manquer personne dans le Guide officiel Monster High. Alors remplis la fiche ci-contre et colle ta photo dans le cadre.

Âge ....

Matière préférée ....

Je déteste... ....

Meilleurs amis ....Rachel...Evelyne........

....

Activités ....

....

Mes amis trouvent que je suis ....

....

Les grands ÉVÉNEMENTS de Monster High

Une année mortelle vient de s'écouler à Monster High. Voici quelques-uns des événements délirants qui s'y sont déroulés…

Des auditions sous très haute tension !

Monster High organise depuis des millénaires toutes sortes de représentations théâtrales ; la compétition entre les goules est farouche pour être celle qui obtiendra le premier rôle ! Alors qu'elles s'affrontaient durant ce jeu féroce, Clawdeen et Cleo se sont blessées. Résultat : ni l'une ni l'autre n'ont pu monter sur la scène cette année !

La fête mortelle de Cleo

Même si le calendrier était un peu décalé, la fête de fin de trimestre organisée par Cleo de Nile fut la soirée la plus chaude de l'année ! On y a en effet découvert les talents d'un nouvel élève, Holt Hyde qui a littéralement mis le feu à la scène avec ses mix de musique enflammés.

Ambiance d'enfer au rallye de l'esprit

Les Tokio Mortel

Tous les yeux étaient braqués sur Frankie quand elle a remporté le premier prix d'un concours vidéo sur la chaîne Crânal + : une place pour le concert privé des Tokio Mortel – le groupe le plus torride de la planète ! Et tous les élèves sont devenus complètement hystériques quand le groupe est venu faire un concert live à la fête de l'école !

Le rallye de l'Esprit a encore rassemblé des milliers de fans venus soutenir l'équipe de football de Monster High. Lancée par Lagoona Blue et Clawd Wolf, la fête a été enflammée par les Pom-Pom Monstres de Cleo, qui ont fait le show toute la soirée.

SPORTS FRÉNÉTIQUES

Ces pages sont dédiées à notre délirante équipe de Pom-Pom Monstres, menée vers le succès par la brillantissime Cleo de Nile.

1.

2. Frankie a apporté du sang neuf à l'équipe !

3. Mais la main de fer de Cleo a fait exploser le groupe...

4 L'entraînement porte ses fruits...

5 ... mais pas assez pour être sélectionnées pour le concours. Cleo est dévastée !

L'équipe décide alors de lancer une campagne pour obtenir une invitation exceptionnelle.

6 Pour être invitées, il fallait que la vidéo soit visionnée 10 millions de fois sur U-Tombe.

7 Heureusement, Ghoulia a sauvé la situation...

... et l'équipe a finalement été invitée au concours.

13 L'équipe B, menée par Cleo a tout déchiré...

14 ... et remporté le trophée !

15 Félicitations aux gagnantes de l'équipe B !

FLASH NEWS

16 Pour couronner le tout, Nefera a dû rendre ses quatre derniers prix pour « conduite monstrueusement antisportive » !

SPORTS FRÉNÉTIQUES

NATATION

La jolie sirène d'eau de mer, Lagoona Blue, s'est distinguée dans la piscine cette année. Elle et son coéquipier Gillington Webber sont arrivés en tête de la compétition, arrachant le trophée à Belfry Prep.

BASKET FUNÉRAIRE

Cette année, Clawd Wolf, capitaine de l'équipe de basket funéraire de Monster High a déclenché des sensations fortes en battant l'Académie des Vampires et le Croissant de Lune lors des derniers championnats. Parions qu'il fera sports-études l'année prochaine.

Malheureusement, Deuce Gordon n'a pu participer aux matchs car l'un de ses serpents s'était fait une entorse.

SPORTS FRÉNÉTIQUES

PISTAGE

L'une des compétitions les plus excitantes a eu lieu au sein même de Monster High. Thomas Cramé, la star grésillante de l'équipe masculine, a été sauvagement remis à sa place par Clawdeen Wolf. La bagarre a commencé lorsque Thomas a déclaré que les goules étaient trop délicates pour le pistage. Clawdeen lui a aussitôt répondu : « J'ai plus de puissance dans une seule de mes griffes que toi, dans ton corps tout entier ! ».

Malheureusement, Thomas avait oublié que la pleine lune rendait Clawdeen folle furieuse ; elle a évidemment remporté la victoire !

HURLEMENT PERSO

« Au départ, je n'étais pas sûre de pouvoir participer car mon frère m'avait mordu la jambe, mais j'ai refusé d'abandonner. Je devais gagner !

Clawdeen X

Histoires horribles

Abysses

Ce qui est le plus cool avec la non-vie à l'école, ce sont les monstres. Mes amies sont vraiment les plus sympas des goules et je sais qu'elles me soutiendront toujours à sang pour sang ! C'est ce qui s'est passé quand Frankie m'a demandé de lui prêter le collier que Clawdeen m'avait donné. J'adore qu'on s'échange des vêtements et je lui avais emprunté une paire de ses boucles d'oreilles super destroy une semaine plus tôt.

Dès qu'elle a enfilé le collier, Frankie a touché deux de ses écrous sans le faire exprès… Le choc a envoyé le collier… au fond de la piscine ! Frankie est un peu naïve, j'ai dû lui expliquer que personne ne descendait jamais dans cette piscine, la plus profonde du monde, car on ne sait pas ce qui se cache au fond.

Frankie étant Frankie, elle a insisté pour enfiler une combinaison de plongée. Et avant que j'aie pu montrer mes canines, elle était déjà dans l'eau en compagnie de Lagoona, la meilleure nageuse de toute l'école ! Mes goules préférées ont rencontré des tas de créatures effrayantes dans une grotte gardée par un calmar géant qui veillait sur tous les trésors tombés depuis des lustres dans la piscine ! Frankie lui a envoyé une décharge et, aidée de Lagoona, elles ont remonté tout ce qu'elles ont pu trouver (mon collier inclus !). Ces deux intrépides ont fait plein d'heureux !

Draculaura

UN RETARD PÉTRIFIANT !

Certains professeurs de Monster High sont gentiment horribles ! Personnellement, j'aime bien Mme Hortimarmot, même si je n'ai jamais avoué en public que j'appréciais Lards ménagers !

Peu importe ! Parmi tous les profs talentueux il existe tout de même une exception : M. Lou Zaar, le remplaçant. Je suis sûr que notre première rencontre va rester à jamais gravée dans sa mémoire. Je suis arrivé en retard en classe (ce qui, j'en conviens, n'est pas bien), mais je devais me changer après mon match de basket funéraire. Et M. Zaar s'est énervé. C'est vrai que je n'ai pas arrangé la situation lorsqu'il m'a déclaré « Vous êtes en retard ! » et que j'ai répondu « Non, je suis Deuce… ». C'est là qu'il m'a demandé de retirer mes lunettes de soleil. Trèèèès mauvaise idée !!!

J'ai essayé de lui dire qu'il ne valait mieux pas, mais il n'a rien voulu savoir. Les autres élèves se sont alors couvert le visage avec leur livre, mais il n'a pas compris. J'ai donc retiré mes lunettes… et qu'est-il arrivé ? Hé bien on a inauguré une nouvelle statue à Monster High ! Un loup en pierre… Pardon, je veux dire un Lou en pierre !

DEUCE

L'effet s'est estompé en deux jours. Malheureusement !

CLUBS

Le club fashion

Le 1 361e défilé de mode qui s'est tenu cette année à Monster High a vraiment fait beaucoup de bruit ! En grande professionnelle, Clawdeen est venue présenter sa tenue préférée. La féroce fashionista a donné la chair de poule à toute l'assistance, mais moins pour sa prestation sur le podium que par son soudain et monstrueux hurlement à la mort qui a glacé toute l'assistance. Il faut dire que Cleo avait braqué sur elle un énorme projecteur, lui faisant le même effet… que la pleine Lune !

JOURNAL DU CLUB

Cette année, le club des rédacteurs de Monster High a bénéficié du féroce soutien de deux goules vraiment top. La photographe en herbe Draculaura a capturé des moments exceptionnels pour la couverture. Et grâce à Spectra, les monstres du lycée ont pu lire les détails les plus sordides de la vie de leurs camarades. Pour l'année prochaine, le journal a décidé de mettre en place un partenariat avec l'animatrice de Radio Catacombes, C.A. Cupid ! C'est vraiment l'explosion du multimédia !

ÉQUIPE DÉBATS

Ce fut une grande année pour les débats à Monster High. Parmi les sujets abordés cette année : « Les monstres à travers le monde » et « De l'intérêt de se dévorer ». L'équipe s'est aussi enrichie d'un nouveau membre : Venus McFlytrap, venue défendre la planète.

CLUBS

Club de BD

La présidente du Club de BD Ghoulia Yelps est peut-être muette comme une tombe, mais c'est une illustratrice mortelle. L'école a même exposé quelques-uns de ses délirants dessins. Le clou du spectacle fut de la voir recevoir une édition ultra-rare de Deadfast, un album vraiment sang-sationnel qui lui a été offert par un très généreux donateur !

Ghoulia en train de dessiner son personnage favori.

CLUB D'ÉCHEC

Les échecs sont vraiment le passe-temps idéal pour Grotoumou. Ce zombie un peu lourdingue donne l'exemple pendant les compétitions et en dehors. Les zombies sont super-bons aux échecs car c'est un jeu où il faut avancer pas à pas ! Ghoulia Yelps, autre membre du club – et grande admiratrice de Grotoumou – le trouve fatalement doué.

Corps-ale

La corps-ale a vraiment travaillé dur pour essayer d'obtenir le premier prix lors du concours de meilleur chœur de grognements de l'année. Malheureusement, un petit incident a failli ternir leur succès, le chef de la chorale étant passé par la fenêtre au deuxième trimestre… En fait, la fenêtre a explosé quand Cleo De Nile a hurlé de joie lors de sa victoire au championnat de Pom-Pom Monstres. Par bonheur, le chef de chorale a, depuis, retrouvé à peu près tous ses esprits et l'usage de ses deux yeux !

VOYAGES d'enfer

Monstre un jour, monstre toujours ! Allons découvrir le monde en bonne compagnie…

LE VIRUS A TOUCHÉ DRACULAURA ET CLEO…

… JUSTE AVANT CLAWDEEN

Des restrictions budgétaires ont fait que la visite prévue à Goulia Lumpur a été abandonnée, mais le fabuleux voyage à Monstre Carlo a bien eu lieu (malgré un départ chaotique !). En effet, Frankie, Draculaura, Clawdeen et Cleo ont attrapé un mystérieux virus… Heureusement, Abbey Bominable a accepté de descendre dans les catacombes à la recherche de l'antidote. Elle a bravement saisi la fleur en question, bien qu'allergique elle-même ! Encore un bel exemple de l'amitié monstrueuse qui lie les goules entre elles.

SANS L'AIDE D'ABBEY, LE VOYAGE N'AURAIT PAS PU AVOIR LIEU.

Monstre Carlo

Sciences folles

LA FÊTE

UNE AUTRE INVENTION INTÉRESSANTE...

Les élèves de Monster High ont adoré leur sortie à la fête annuelle de sciences folles. Parmi les inventions les plus dingues qui étaient présentées, celle de Cleo de Nile a fait sensation. Sa machine consistant à changer les ordures en carburant vert lui a rapporté le premier prix de la part de la directrice, Mme Santête !

L'ATTRIBUTION DES PRIX

PROJET DE ~~GHOULIA~~ CLEO

CLEO REMPORTE LE PRIX

VOYAGES d'enfer

PRÊTS À PARTIR

LE BUS

THOMAS CRAMÉ A FAIT L'ANIMATION

BRONZETTE POUR TOUT LE MONDE

La Plage Noire

L'ÉQUIPE A JOUÉ AU WATERPOLO

VIVE L'ESPRIT D'ÉQUIPE DE MONSTER HIGH

Tout le monde était plein d'entrain dans le bus qui menait les élèves vers la Plage Noire – même si Thomas Cramé avait décidé de les saouler avec sa guitare. Chacun avait hâte de retirer sa fourrure et de bronzer au soleil.

Le voyage n'a pourtant pas été de tout repos car les goules devaient participer à de nombreuses compétitions. Scary Murphy leur a tous les jours demandé de montrer ce dont elles étaient capables.

Et le travail a payé! Les goules triomphantes ont rapporté à Monster High le grand prix de l'esprit d'équipe!

SOUVENIRS monstrueux

Quel est ton meilleur souvenir avec les élèves de Monster High ? En voici quelques-uns parmi les plus terribles.

« J'ai vécu tellement de moments mortels cette année, comme notre délirante invitation à la Plage Noire et notre prix de l'esprit d'équipe, et surtout notre victoire au concours des Pom-Pom Monstres, soufflée à cette horrible Nefera ! » Cleo

"Quand j'ai refondu le cerveau de Bruno Vaudou pour lui donner plus de confiance en lui !" Scarah

« J'ai adoré la coupure de courant causée par Thomas Cramé. Pour une fois, j'ai pu montrer à mes amis monstres qu'ils pouvaient se passer pour une journée de leurs iCercueils, tablettes et calculettes ! »
Robecca

« Ça a été dingue de travailler avec Frankie sur notre bonhomme en pain d'épice géant. Cette fille est vraiment complètement délirante. »
Jackson Jekyll

« J'ai adoré travailler avec ce joli petit monstre qu'est Deuce sur la piste de son ingrate goulfriend. La chance que j'ai de travailler avec quelqu'un qui apprécie mon style me console de tout le reste !! » Operetta

« Quand Frankie a acheté à tout le monde (moi y compris), des places pour le concert de Justin Canine. » Ghoulia

SOUVENIRS monstrueux

« Je me souviens quand les goules ont essayé de me soigner en m'enfermant dans le congélateur. C'était vraiment tellement sympa ! » Abbey

C'était géant d'avoir organisé un anniversaire surprise commun pour mes 16 jours à moi et les 1600 ans de Draculaura ! On avait chacune essayé de préparer une fête pour l'autre, mais aucune des deux ne pouvait y aller puisqu'on était invitées ailleurs ! » Frankie

« J'ai adoré voir pour la première fois Jackson Jekyll se transformer en Holt Hyde et aller à son rendez-vous avec Draculaura ; dingue ! Thomas

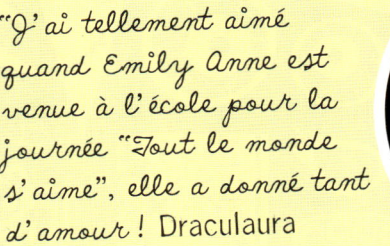

"J'ai tellement aimé quand Emily Anne est venue à l'école pour la journée "Tout le monde s'aime", elle a donné tant d'amour ! Draculaura

« Je n'oublierai jamais la tête de ces chats de gouttière quand elles sont parties pour leur camp de gé-ogre-métrie dans un bus où on avait mis une boule puante ! » Ghoulia

« Mon meilleur souvenir, c'est quand les monstres ont donné à Grotoumou les traits de ma tante pour aller à la conférence Parents-Créatures. Ce n'est pas grave car les profs n'avaient que des compliments à faire sur mes notes ! » Lagoona

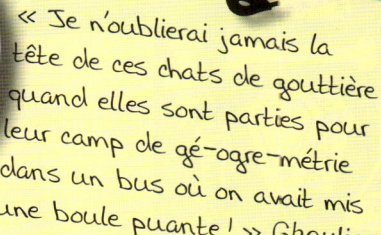

"Uuuughghghghhuughhg !"
(Quand Ghoulia nous a fait remporter le match de balle au prisonnier en utilisant sa calculette délirante.) Grotoumou

« Quand les zombies se sont disputés pour le cœur de Ghoulia, j'ai vu de la peinture sécher plus vite ! » Holt Hyde

CORPS ENSEIGNANT

Nous, à Monster High, on a une équipe d'enseignants mortels capables de nous bourrer le crâne de tout un tas de connaissances. Ces pages leur sont dédiées !

Madame Santête
Directrice de l'établissement

Formation

Diplômée d'histoire (thèse sur Marie-Antoinette) ; formation complémentaire en horticulture/parapsychologie

Remarques courantes

« Gardez la tête sur les épaules ! »

« Ce n'est pas parce que vous perdez la tête qu'il faut faire n'importe quoi. »

Pourquoi on l'aime

« Parce qu'elle me laisse habiter à l'école, comme ça, je ne suis pas obligée de regagner mes lointaines montagnes. Elle est vraiment chouette. »
Abbey Bominable

« Elle est super sympa avec les animaux, c'est cool pour la planète ! » Venus McFlytrap

« Parce qu'elle est un modèle pour les élèves. »
Ghoulia Yelps

Souvenirs délirants

« Quand elle nous a laissés organiser une fête pour passer la soirée du vendredi 13 au lycée. J'ai réussi à faire manger des boules de poils à Toralei. »
Cleo de Nile

« Quand elle nous a enchaînées, Abbey et moi pour nous apprendre à nous entendre. Cette rencontre électrique a fait que nous sommes devenues les meilleures amies du monde. »
Frankie Stein

55

M. Charcuteur
Professeur de sciences folles

Formation
Diplômé de l'université tchèque de taxidermie et de chimie.

Pourquoi on l'aime
« En dépit du fait qu'il adore couper les cheveux en quatre et qu'il aimerait bien nous faire la peau, il cède souvent devant les créatures de la mer. » Lagoona Blue

Bons souvenirs
« Quand il s'est pointé pendant la compèt' de basket funéraire avec des saucisses, ce qui m'a permis de gagner le match. » Clawd Wolf

"Quand l'œuf qu'il devait surveiller s'est mis à l'attaquer !" Gill Webber

M. D'eath
Coach des étudiants

Bons souvenirs
"IL PLEURE PAS MAL, MAIS C'EST VRAIMENT UN TYPE SYMPA !" Deuce Gorgon

Formation
Formation en danse moderne et en journalisme nécrologique

Pourquoi on l'aime
« Parce qu'il écrit sa "liste des regrets" où il inscrit tous les regrets qu'il aura avant que son âme ne meure ! » Frankie Stein

"Qu'est-ce qui pourrait arriver de pire ?"

Remarques courantes

Remarques courantes

« THOMAS CRAMÉ !!!! Vous voulez vraiment rester en retenue tout le reste de votre vie ? »

Mlle Hortimarmot
Professeur de Lards Ménagers

Pourquoi on l'aime

« Parce que je ne sais pas vraiment pourquoi, mais elle m'aime bien ! » Frankie Stein

Formation

Grande expérience en Lards Ménagers, notamment après avoir tenu une maison d'hôtes.

Bons souvenirs

« Quand Jackson et moi, on a fabriqué un bonhomme en pain d'épice géant. C'est foudroyant ! » Frankie Stein

Cela sent monstrueusement mauvais Deuce ! Flachez-moi tout cela !

Remarques courantes

Histoires horribles

PAS TOUCHE !

Je trouve toujours délirant que les étudiants dont le cerveau est à moitié vide – comme des cavernes remplies de toiles d'araignées – pensent qu'ils connaissent tout !

Pendant un de mes cours de sciences folles, j'ai dû traiter avec un dragon. J'ai demandé aux étudiants de rester calmes et de ne pas toucher à la machine (petit bijou de technologie ultra-dangereuse) que j'avais sur mon bureau. Évidemment, dès que j'ai quitté la pièce, Thomas Cramé l'a tripotée… En un clin d'œil, tous les étudiants ont été réduits à la taille d'une fourmi !

Abbey Bominable, une goule intelligente et bonne élève, a supposé qu'il devait bien exister un bouton « retour » sur la machine, mais les élèves étaient devenus trop petits pour l'atteindre. Thomas Cramé imagina qu'il pouvait peut-être y arriver en fabriquant un avion en papier qui l'amènerait jusqu'à mon bureau, mais il s'est malheureusement écrasé au sol après avoir enflammé le papier avec sa tête. Tout semblait perdu et les petits monstres étaient sûrs que j'allais rentrer, découvrir le pot aux roses et les punir !

Heureusement Abbey a fait marcher sa tête. Clawd a fait gicler de l'eau jusqu'à mon bureau, Abbey l'a gelée et tous les deux ont pris ce pont glacé pour rejoindre la machine et tous les retransformer avant mon retour. Quand je suis revenu, tout était rentré dans l'ordre… à part qu'ils avaient aussi agrandi une araignée qui passait par là. À la vue de cette énorme bestiole, ils se sont tous enfuis en courant, mais ils auront droit à une bonne retenue !

Charcuteur

COURT-CIRCUIT

Thomas Cramé crée toujours des problèmes. C'est notamment lui qui a fait rater mon super-projet scientifique : il a réussi à court-circuiter tout le système électrique de l'école en sabotant mon invention. Pourtant, Draculaura était supposée ne laisser personne entrer, mais elle a répondu à un appel urgent sur son iCercueil ce qui a permis à Thomas de se glisser subrepticement dans la pièce. En une seconde, tout Monster High a été plongé dans le noir et plus personne n'a pu terminer son expérience !

On a quand même fait un pas en avant grâce à Robecca Steam qui nous a remémoré quelques bonnes vieilles méthodes de travail. Tout d'abord, elle est allée chercher un dragon dans les catacombes pour allumer des bougies, puis elle a remplacé l'ordinateur de Thomas Cramé par sa machine à écrire. Elle a indiqué à Draculaura comment envoyer du courrier par chauve-souris interposée et a montré à Clawdeen qu'elle pouvait s'informer dans des livres plutôt que sur le Net.

Tout cela m'amène à penser que Robecca est vraiment gravement mortelle! Cette goule pleine de ressources nous a montré que l'on pouvait pour un temps oublier tous nos iCercueils et autres appareils photos, tablettes, etc.... mais peu de temps après, le courant est revenu !

Ghoulia

POTINS D'ENFER

Wooooouuuu, quelle année spectra-culaire on vient de passer ! Niveau potins, on a vraiment été servi. Personne (enfin presque...) ne connaît l'identité de l'auteur du gossip-blog mais il (enfin, elle...) a la possibilité d'appuyer son petit doigt de goule là où ça fait mal ! Voici quelques exemples de ce qui s'est passé cette année.

La vie sentimentale de Draculaura a été cauchemardesque...

Un rendez-vous avec une statue ? Bof !

Thomas a réussi à la séduire...

...mais quand il s´est enflammé, Clawd s´est interposé.

Le résultat : Clawdeen a sorti les griffes contre la copine de son frère.

POTINS D'ENFER

Même un couple en or peut avoir quelques failles !

La love-story de Ghoulia a mis du temps à démarrer.

Pas d'amour sous-marin pour Lagoona et Gil.

Balades préférées

Les goules adorent se réunir. Voici les endroits qu'elles fréquentent le plus.

Les magasins

Au centre commercial, on ne sait pas où donner de la tête. Entre la lingerie de Transylvania Secret ou les vêtements griffés des grandes marques comme Yves Sang Loup-Ran, on a l'embarras du choix !

Cafétorreur

D'accord, la nourriture n'est pas terrible, mais c'est vraiment le lieu idéal pour les premiers rendez-vous ou les discussions entre goules.

Le couloir des cercueils

Que l'on ait décidé de lire le dernier tome de *Moonlight*, d'échanger des astuces de beauté ou de discuter de notre prochain rendez-vous amoureux, le couloir des cercueils est le lieu idéal. C'est dingue tout ce que l'on peut trouver dans ces casiers : des yeux chewing-gum à de la crème hydraterrifiante, il y a vraiment de tout !

Le boudoir de Cleo

La chambre de Cleo est affreusement gigantesque ! On adore y traîner et y jouer aux Goules et Gargouilles – même si tout le monde (sauf Abbey) laisse Cleo gagner.

La caverne de Clawdeen

L'antre de Clawdeen est aussi sauvage que vous pouvez l'imaginer. Les tissus imprimés de motifs d'animaux mariés à des tons de violet forment un décor horriblement glamour. Sa sœur Howleen est dingue de tous ses vêtements !

Au bon Cercueil

Au bon Cercueil, les boissons sont à se damner ! Il faut dire qu'elles sont concoctées par la barmaid la plus déchaînée : Lagoona Blue. On vient s'y reposer après des sorties nocturnes un peu trop turbulentes ou quelques courses poursuites exténuantes.

Le cercueil de Draculaura

La chambre de Draculaura est rose, noire et toute pimpante, le portrait craché de sa propriétaire !

Le cinéma de la terreur

Deuce adore les films d'horreur, Clawd préfère les films d'action alors que Jackson serait plutôt branché films muets. Peu importe, du moment que l'on peut dévorer du pop-corn dans le noir !

La machine à jus

Lorsque l'on ne peut pas quitter l'école pour aller au centre commercial, on se retrouve devant le distributeur de boissons, mais n'y allez pas avec Abbey, sinon, vous risquez de vous retrouver avec un bloc de glace !

Le labo de Frankie

Frankie dort dans le sous-sol du laboratoire qu'elle appelle la « fabrique ». C'est un endroit totalement unique, plein de machines complètement dingues et de branchements bizarres, sinistre à souhait !

OUPS !

ça craint à mort !

Il existe certaines photos que l'on aimerait bien oublier !...

Prêtes pour les gros plans après être passées entre les mains du coach Igor !

Cleo découvre le petit défaut de Frankie...

Mange-le Thomas !

Aïe, ça fait peur !

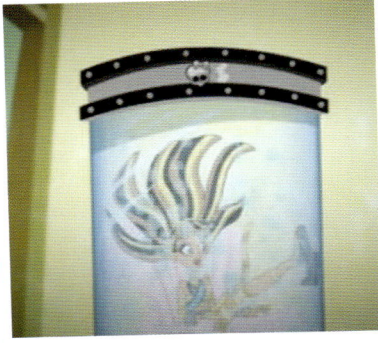

J'espère que tu portes ton mascara waterproof, Cleo !

Deuce découvre son remuant reflet.

Allez hop !

Coup de foudre !

Zut, Frankie a inversé sa polarité !

Une nouvelle manière de porter son plateau, Draculaura ?

Cata capillaire !

Un petit plongeon, les filles ?

Thomas reçoit un accueil vraiment glacial de la part d'Abbey !

C'est de la folie !

Pizzaaaargh !

M.O.N.S.T.R.E

Clawdeen Wolf, tu me fais hurler à la Lune !

J'imprime ma patte partoouut où je passe !
Clawdeen

LA COMPIL
d'Abbey Bominable

Contrairement aux monstres des montagnes qui ne sont pas très bavards, les élèves de Monster High adorent parler ensemble. Voici quelques-unes de leurs meilleures réflexions que j'ai compilées pour vous.

"Je n'ai pas pu travailler. Pour être aussi jolie que moi, ça prend du temps !"
Draculaura

« La connaissance est le remède à toute malédiction. »
Mr Hack

« Cleo a travaillé ce soir comme une carte de crédit sans limites. » Clawdeen

« À Monster High, tout le monde est cool avec tout le monde, peu importe qui on est ! » Deuce

"Uuuughrrrghgghghugh." Ghoulia

« Si je ne décroche pas un scoop, je vais survivre ! » Spectra

« Je veux juste ramper dans une flaque et me rouler dedans. » Lagoona

"Disons juste que mes vêtements ne sont pas la seule chose de féroce durant la pleine lune !" Clawdeen

"Vous vous êtes éloignés des obligations des devoirs éternels, et des démons ardents vont descendre sur votre maison." Mme Santête

"On cherche les têtes pensantes et on leur montre qui est le patron. Un jour, nous les félins, on dirigera l'école." Toralei

"J'aime bien Clawd, même s'il perd beaucoup ses poils." Draculaura

« Je reviendrai peut-être te mordre. » Lagoona

« Coupure de courant ; j'ai fait un infarctus » Frankie

« Ça m'est égal que les gens parlent de moi, c'est quand ils arrêtent que ça me dérange ! » Nefera

« Personne ne doit me regarder à moins d'être bouche bée ! » Cleo

« Elle est tellement sympa avec moi que je dois être gentille avec elle – mais ne dites rien, je tiens à ma réputation ! » Cleo

« On doit miser sur les bonnes personnes. » Operetta

« VOUS CROYEZ VRAIMENT AU COUP DE FOUDRE ? MOI OUI ! » Frankie

« Je n'ai pas pu travailler mes cours, mon frère a mangé mes cahiers ! » Clawdeen

Histoires horribles
Destruction ou Vérité

Je viens juste d'intégrer Monster High, mais tout le monde est affreusement gentil avec moi. J'ai hâte d'être invitée à l'une des célèbres fêtes organisées par les goules, la dernière avait l'air stupéfiante ! Pour la soirée en question, tout le monde s'est retrouvé dans la tanière de Clawdeen. Frankie a lancé l'idée de jouer à « Destruction ou Vérité » qui consiste soit à choisir un gage, soit à dévoiler un terrible secret.

Frankie n'avait pas trop envie de révéler à Cleo pour quel garçon elle craquait à ce moment-là, mais Cleo l'a menacée d'envoyer un texto à tous les garçons de Monster High disant « Super fête à la maison, faites passer l'info ! » Cleo n'en a pas cru ses yeux quand Frankie a finalement appuyé sur la touche pour envoyer le texto ! « Hé bien tes parents vont être contents quand tout le monde va débarquer ! » a-t-elle ricané !

Le plus drôle, c'est quand elle s'est aperçue que Frankie avait envoyé le message avec son iCercueil à elle !

C'est la dernière fois que Cleo a joué à « Destruction ou Vérité » !

Rochelle

Tatie Tanic

Ma petite amie, Lagoona, est abonnée aux meilleures notes. Si seulement mes parents acceptaient de la rencontrer, ils s'apercevraient ô combien elle est brillante et intelligente, hélas !

Bien qu'elle n'ait rien à craindre, Lagoona s'est angoissée quand un des professeurs lui a demandé de voir ses parents pour leur parler de son travail. Elle ne comprenait vraiment pas pourquoi ! Mais elle a eu encore plus peur quand Clawdeen lui a dit que c'était peut-être parce qu'elle avait eu une super mauvaise note ! C'est alors qu'elle lui a suggéré une idée totalement saugrenue : déguiser quelqu'un pour qu'il ressemble à l'un des membres de la famille de Lagoona, comme ça, la mauvaise nouvelle ne sortirait pas de l'école. Encore fallait-il savoir qui transformer ainsi ! C'est alors que Grotoumou est passé (lentement !) dans les parages. Avant qu'il ait eu le temps de dire « uuugggrrhh ! », il était déjà déguisé en Tatie Tanic.

Grotoumou avait vraiment l'air horrible, mais il est tout de même allé courageusement rencontrer les professeurs. Tout le monde attendait dehors. Heureusement tout s'est passé affreusement bien! Les professeurs n'y ont non seulement vu que du feu, mais ils ont en plus fait l'éloge de Lagoona pour ses talents d'écriture.

J'étais si fier d'elle. Maintenant, je dois juste convaincre mes parents qu'elle est phénoménale.

Gil

BILAN ANNUEL

Chers modestes étudiants de Monster High,

Maintenant que cette année s'achève, vous allez peut-être songer à votre avenir, en vous demandant comment vous pourrez trouver votre voie lorsque vous quitterez Monster High. Moi, Neferata de Nile, ancienne étudiante de haut vol, j'avais les mêmes craintes que les vôtres avant que je n'obtienne mon diplôme.

Heureusement, j'ai vite découvert que mon passage ici était un tremplin pour un brillant avenir. Je suis maintenant un célèbre top-model, parcourant les plus grands podiums de la planète et gagnant plus de lingots d'or que je ne pourrai jamais entasser dans la crypte de papa. Les choses que j'ai apprises en classe, comme les langues mortes, m'ont servi pour exiger ce dont j'ai désormais besoin lors de mes déplacements autour du monde.

Bien sûr, aucun d'entre vous ne peut humainement espérer atteindre les sommets dorés que moi, Nefera, première et adorée fille de Ramsès ai réussi à rejoindre dans ma non-vie. Je suis néanmoins sûre que chacun trouvera sa voie si jamais vous réussissez votre examen.

Nefera de Nile

P.S. Si jamais vous me croisez, ne m'adressez pas la parole sauf si c'est moi qui vous parle.

Mes meilleurs souvenirs de l'année

- Avoir été rappelée par Mme Santête pour coacher l'équipe des Pom-Pom Monstres afin de les aider à gagner leur compétition.
- Quand ma petite sœur Cleo s'est rendue au centre commercial pour m'acheter les derniers vêtements top tendance.

oh.mon.ra !

Dois-tu vraiment mettre tes petites griffes dans tout Nefera ? Je ne peux pas croire que tu as mis un statut sur mon Fearbook ! Tu n'auras pas le dernier groquement cette fois-ci !

VOICI CERTAINES DES BRILLANTES AVENTURES DE NEFERA.

Ça, c'est quand j'ai découvert la vraie raison pour laquelle tu as dû revenir à l'école — tu avais été renvoyée de la Fashion Week à cause de ton attitude monstrueuse.

Et ça, c'est quand on t'a fait croire que le dernier look tendance c'était de porter des déchets ménagers et des rouleaux de papier toilette ! C'était vraiment mortel !

Sang-doute...

Les élèves ont voté pour imaginer ce que nos goules préférées pourraient faire dans l'avenir. Et voilà le résultat ! N'oublie pas de remplir la case qui t'est réservée – ou demande à tes amis de répondre pour toi !

Cleo de Nile

Sang-doute... deviendra une star de la scène et de l'écran (total – soleil oblige !).

Frankie Stein

Sang-doute... aidera ses amies dans le besoin.

Draculaura

Sang-doute... s'envolera au coucher du soleil avec le monstre de ses cauchemars.

Clawdeen Wolf

Sang-doute... dessinera les plus beaux talons compensés de l'histoire des monstres.

Ghoulia Yelps

Sang-doute... sera la prochaine directrice fantôme du lycée.

Lagoona Blue

Sang-doute... sauvera les goules moules!

Sang-doute...

Rochelle Goyle

Sang-doute... partira faire un fabuleux tour du monde.

Robecca Steam

Sang-doute... deviendra une commentatrice sportive à tout casser !

Abbey Bominable

Sang-doute... gravira les plus hautes montagnes pour aller embrasser le Yéti.

Spectra Vondergeist

Sang-doute... obtiendra son propre show mortel à la télé.

Venus McFlytrap

Sang-doute... révolutionnera l'écologie mondiale!

Deuce Gorgon

Sang-doute... tiendra le premier rôle dans un film d'horreur à Hollywood.

Sang-doute...

Clawd Wolf

Sang-doute... sera poursuivi par une foule de villageois en colère.

Jackson Jekyll

Sang-doute... gagnera le premier prix du concours de Sciences folles.

Holt Hyde

Sang-doute... Sera au sommet des charts mondiaux avec son remix d'« Allumer le feu » de Zombie Aliday.

Operetta

Sang-doute... déclenchera l'hystérie des foules grâce à son interprétation de l'hymne de Monster High lors de la fête nationale des Revenants.

Toralei Stripe

Sang-doute... deviendra une star de la comédie grâce à ses imitations sauvages.

Meowlody et Purrsephone

Sang-doute... sortiront leurs propres griffes.

Sang-doute...

Scarah Screams

Sang-doute... parlera angoissologie avec Bruno Vaudou.

Gillington Webber

Sang-doute... vivra chez ses parents jusqu'à ses 1 000 ans.

Thomas Cramé

Sang-doute... invitera Nefera de Nile à un rendez-vous... et s'enflammera pour elle. Boum!

Chers élèves inhumains,

Comme toujours, je suis immensément honorée d'être à la tête de ce monstrueux établissement. Je ne me lasse pas de parcourir les couloirs de Monster High en ressentant des frissons d'excitation sur toute mon épine dorsale. Après avoir lu votre vision de cette année scolaire, je m'aperçois que vous êtes aussi fiers de l'école que je le suis moi-même !
Il n'y a vraiment jamais de temps mort à Monster High !

Un grand merci aux rédacteurs de ce Guide officiel, et toutes mes félicitations pour vos monstrueuses réalisations de cette année.

la directrice,
Mme Santête

Nefera de Nile
(gardez ce guide, ma signature
vaudra de l'or un de ces jours)

Robecca X

De la part d'une
goule en or
Cleo Xxxxx
P.S. sifflements
de mon serpent!

De la part de
Gil Webber

Peace and love
de la part de
Lagoona Blue
Xxx

Purrsephone & Meowlody

Operetta
x
DEUCE

Sang
rancune,
Scarah X

En attendant
les prochains potins...
Spectra x

MONSTER HIGH

Nnnnrrggggnnnggh
Ghoulia Yelps